PHP

Sommario

Premessa

Esistono moltissimi tutorial PHP online ma la maggior parte di questi tutorial sono obsoleti e mostrano pratiche obsolete. Sfortunatamente, questi tutorial sono ancora referenziati oggi grazie alla loro immortalità di Google. Le informazioni obsolete sono pericolose per i programmatori PHP inconsapevoli perché creano inconsapevolmente applicazioni PHP lente e insicure.

Ho riconosciuto questo problema diversi anni fa ed è il motivo principale che mi ha spinto a scrivere questo libro. L'idea è quella di fornire ai programmatori PHP un facile accesso alle informazioni con alta qualità e aggiornate continuamente.

Per questi motivi questo libro non è un manuale di riferimento, è una conversazione amichevole e divertente tra te e me.

Ti mostrerò le ultime tecniche PHP che utilizzo ogni giorno al lavoro e qualche progetto utile, vedremo i più recenti standard di codifica in modo da poter condividere le tue componenti e le librerie PHP con l'intera comunità PHP. Mi sentirai parlare di "comunità" diverse volte perché è amichevole, disponibile e accogliente, anche se non senza problemi. Se qualche funzione in questo libro ti incuriosisce, contatta la community PHP e poni delle domande.

Ti garantisco che ci sono sviluppatori PHP pronti ad aiutarti e sperano che anche tu possa diventare un bravo sviluppatore PHP. La comunità è una risorsa inestimabile poiché continua a migliorare le tue abilità PHP anche dopo aver finito questo libro.

Prima di iniziare, voglio porre alcuni obiettivi. Per prima cosa, è impossibile spiegare tutti i modi per utilizzare PHP, non c'è abbastanza tempo e rischierei di perdere la tua attenzione. Invece, ti mostrerò come utilizzo PHP. Sì, questo è un approccio supponente, ma utilizzo le stesse pratiche e standard adottati da molti altri sviluppatori PHP. Ciò che puoi trarre dalla nostra breve conversazione sarà immediatamente applicabile nei tuoi progetti.

Secondo, presumo che tu abbia familiarità con variabili, condizionali, cicli e così via; non devi conoscere PHP ma è raccomandata una comprensione di base di questi concetti fondamentali di programmazione.

Terzo, non presumo che tu stia utilizzando un sistema operativo specifico, tuttavia, i miei esempi di codice sono scritti per Linux. I comandi Bash sono forniti per Ubuntu e CentOS ma possono funzionare anche su OS

X. Qualora tu usassi Windows, ti consiglio vivamente di avviare una macchina virtuale Linux in modo da poter eseguire il codice di esempio in questo libro. In alternativa, dovrai modificare opportunamente il codice ed eventualmente cambiare qualche comando.

Capitolo 1: Cosa cambia?

Il linguaggio PHP sta vivendo una rinascita. PHP si sta trasformando in un moderno linguaggio di scripting con funzioni utili come namespace, chiusure e una cache del codice operativo integrata. Anche il moderno ecosistema PHP si sta evolvendo tanto che gli sviluppatori PHP si affidano meno a framework monolitici e sempre di più a componenti specializzate e più piccole.

Il gestore delle dipendenze Composer sta rivoluzionando il modo in cui costruiamo applicazioni PHP; ci emancipa dal giardino recintato di un framework e ci consente di mescolare e abbinare componenti PHP interoperabili più adatte per le nostre applicazioni PHP personalizzate.

L'interoperabilità dei componenti non sarebbe possibile senza gli standard comunitari proposti e curati dal PHP Framework Interop Group. Questo libro è la tua guida al nuovo PHP e ti mostrerà come creare e distribuire incredibili applicazioni PHP utilizzando standard della comunità, buone pratiche (le cosiddette good-practice) e componenti interoperabili.

Prima di esplorare il PHP attuale, è importante capire l'origine di PHP, infatti, nasce come linguaggio di scripting lato server interpretato. Ciò significa che quando scrivi codice PHP, lo carichi su un server web e lo esegui con un interprete. PHP viene tipicamente utilizzato con un server web come Apache o nginx per servire contenuti dinamici. Tuttavia, può essere utilizzato anche per creare potenti applicazioni da riga di comando (proprio come bash, Ruby, Python e così via).

Molti sviluppatori PHP non se ne rendono conto e perdono una funzionalità davvero entusiasmante. Non ripeterò ciò che è già stato detto così bene da Rasmus Lerdorf (il creatore di PHP) ma bisogna sapere che PHP ha un passato tumultuoso.

PHP ha avuto inizio come una raccolta di script CGI scritti da Rasmus Lerdorf per tenere traccia delle visite al suo curriculum online. Lerdorf ha chiamato il suo set di script CGI "Personal Home Page Tools". Questa prima incarnazione era completamente diversa dal PHP che conosciamo oggi. I primi strumenti di Lerdorf non erano un vero e proprio linguaggio di scripting; fornivano variabili rudimentali e interpretazione automatica delle variabili del modulo utilizzando una sintassi HTML integrata.

Tra il 1994 e il 1998, PHP ha subito numerose revisioni ed è stato in parte riscritto.

Andi Gutmans e Zeev Suraski, due sviluppatori di Tel Aviv, hanno unito le loro forze con Rasmus Lerdorf per trasformare PHP da una piccola raccolta di strumenti CGI in un vero e proprio linguaggio di programmazione con una sintassi più coerente e supporto di base per la programmazione orientata agli oggetti. Hanno chiamato il loro prodotto finale PHP 3 e lo hanno rilasciato alla fine del 1998.

PHP 3 è stata la prima versione che più somigliava al PHP che conosciamo oggi. Forniva un'estensibilità maggiore a vari database, protocolli e API tanto che questa sua caratteristica ha attirato molti nuovi sviluppatori nel progetto. Alla fine del 1998, PHP 3 era già installato sul 10% dei server web del mondo.

Oggi, il linguaggio PHP è in rapida evoluzione ed è supportato da dozzine di sviluppatori di team in tutto il mondo ma anche le metodologie di sviluppo sono cambiate.

In passato, era pratica comune scrivere un file PHP, caricarlo su un server di produzione con FTP e sperare che funzionasse. Questa è una pessima strategia di sviluppo ma era necessaria a causa della mancanza di ambienti di sviluppo locale. Al giorno d'oggi, evitiamo FTP e usiamo invece il controllo di versione. Software come Git aiutano a mantenere una cronologia del codice verificabile che può essere ramificata, biforcata ed unita.

Gli ambienti di sviluppo locale sono identici ai server di produzione grazie a strumenti di virtualizzazione come Vagrant e strumenti di provisioning come Ansible, Chef e Puppet. Possiamo sfruttare componenti PHP specializzati con il gestore delle dipendenze Composer. Il nostro codice PHP aderisce ai

PSR, standard della comunità gestiti da PHP Framework Interop Group. Testiamo accuratamente il nostro codice con strumenti come PHPUnit. Distribuiamo le nostre applicazioni con il gestore di processi FastCGI di PHP dietro un server web come nginx e aumentiamo le prestazioni dell'applicazione con una cache del codice operativo.

In sostanza oggi PHP comprende molte nuove pratiche che potrebbero non essere familiari a coloro che non conoscono PHP o a coloro che usano versioni precedenti di PHP. Non sentirti scoraggiato, vedremo ogni concetto più avanti in questo libro.

Il motore PHP originale è Zend Engine, si tratta di un interprete PHP scritto in C e introdotto in PHP 4. Oggi Zend Engine è il principale contributo dell'azienda Zend alla comunità PHP ma ora esiste un secondo motore PHP principale: la macchina virtuale

HipHop di Facebook. Una specifica del linguaggio garantisce che entrambi i motori mantengano una compatibilità di base.

Quindi cosa ci aspetta in qualità di sviluppatore PHP? Sarà ancora supportato come linguaggio?

Zend Engine sta migliorando rapidamente con nuove funzionalità e prestazioni migliorate. Attribuisco i miglioramenti di Zend Engine alla sua nuova concorrenza, in particolare alla macchina virtuale HipHop di Facebook e al linguaggio di programmazione Hack.

Hack è un nuovo linguaggio di programmazione basato su PHP ed introduce la tipizzazione statica, nuove strutture di dati e interfacce aggiuntive pur mantenendo la compatibilità con le versioni precedenti del codice PHP di tipo dinamico esistente. Hack è rivolto agli sviluppatori che apprezzano le caratteristiche di sviluppo rapido di PHP ma necessitano della prevedibilità e della stabilità della digitazione statica.

La macchina virtuale HipHop (HHVM) è un interprete PHP e Hack che utilizza un compilatore just in time (JIT) per migliorare le prestazioni dell'applicazione e ridurre l'utilizzo di memoria.

Non prevedo che Hack e HHVM sostituiranno Zend Engine ma i nuovi contributi di Facebook stanno creando un enorme successo nella comunità PHP. La crescente concorrenza ha spinto il team di Zend Engine ad annunciare nuove versioni di PHP, uno Zend Engine ottimizzato che si dice sia alla pari con HHVM.

È un momento entusiasmante per un programmatore PHP, infatti, la comunità PHP non è mai stata così energica, divertente e innovativa.

Spero che questo libro ti aiuti ad abbracciare fermamente le ultime novità di PHP. Ci sono un sacco di nuove cose da imparare e molte altre sono all'orizzonte. Adesso cominciamo.

Capitolo 2: Namespace

PHP ha molte nuove interessanti funzionalità e molte di queste saranno nuove di zecca per i programmatori PHP che eseguono l'aggiornamento da versioni precedenti, così come saranno una bella sorpresa per i programmatori che migrano a PHP da un altro linguaggio.

Queste nuove funzionalità rendono il linguaggio PHP una piattaforma potente e forniscono una piacevole esperienza per la creazione di applicazioni web e strumenti da riga di comando. Alcune di queste funzionalità non sono essenziali, ma rendono comunque la nostra vita più facile. Alcune funzionalità, tuttavia, sono essenziali.

Gli spazi dei nomi (namespace), ad esempio, sono fondamentali nello standard PHP e consentono pratiche di sviluppo che i moderni sviluppatori PHP danno per scontate (ad esempio, il caricamento automatico). Presenterò ogni nuova funzionalità, spiegherò perché è utile e ti mostrerò come implementarla nei tuoi progetti.

Introdotti in PHP 5.3.0, i namespace sono uno strumento importante che organizza il codice PHP in una gerarchia virtuale, paragonabile alla struttura delle directory del filesystem del tuo sistema operativo. Ogni moderno componente e framework PHP organizza il proprio codice sotto il proprio spazio dei nomi univoco a livello globale in modo che non sia in conflitto con altri fornitori, o rivendichi, nomi di classi comuni utilizzati da altri fornitori.

Symfony è una popolare componente PHP che gestisce le richieste e le risposte HTTP. Ancora più importante, il componente symfony / httpfoundation usa nomi di classi

PHP molto comuni come Request, Response e Cookie, ti garantisco che ci sono molti altri componenti PHP che usano questi stessi nomi di classe.

Come possiamo usare il componente PHP symfony / httpfoundation se altro codice PHP usa gli stessi nomi di classe? Possiamo usare in sicurezza il componente symfony / httpfoundation proprio perché il suo codice è un sandbox sotto lo spazio dei nomi unico del fornitore di Symfony.

```php
<?php
namespace
Symfony\Component\HttpFoundation;

class_exists(ResponseHeaderBag::class);

class Response
{
    public const HTTP_CONTINUE = 100;
    public const
HTTP_SWITCHING_PROTOCOLS = 101;
    public const HTTP_PROCESSING = 102;
    public const HTTP_EARLY_HINTS = 103;
    public const HTTP_OK = 200;
    public const HTTP_CREATED = 201;
    public const HTTP_ACCEPTED = 202;
```

```
. . .
?>
```

Questa è una dichiarazione dello spazio dei nomi PHP e appare sempre su una nuova riga immediatamente dopo il tag di apertura `<?php`. Questa particolare dichiarazione dello spazio dei nomi ci dice diverse cose.

Innanzitutto, sappiamo che la classe `Response` risiede sotto lo spazio dei nomi del fornitore di Symfony (lo spazio dei nomi del fornitore è lo spazio dei nomi più in alto), così come sappiamo che la classe `Response` risiede sotto il sottospazio dei nomi Component.

Sappiamo anche che la classe `Response` risiede sotto un altro sottospazio denominato `HttpFoundation`. Puoi visualizzare altri file adiacenti a `Response.php` e vedrai che usano la stessa dichiarazione dello spazio dei nomi.

Uno spazio dei nomi incapsula e organizza le classi PHP correlate, proprio come una directory del file system contiene i file correlati. A differenza del filesystem fisico del tuo sistema operativo, gli spazi dei nomi PHP sono un concetto virtuale e non necessariamente mappano 1:1 con le directory del filesystem.

La maggior parte dei componenti PHP, infatti, mappano i sottospazi dei nomi alle directory del filesystem per compatibilità con il popolare standard del caricatore automatico PSR-4 (di cui parleremo in seguito). Gli spazi dei nomi sono importanti perché ci consentono di creare codice in modalità sandbox che funziona insieme al codice di altri sviluppatori.

Questo è il concetto cardine del moderno ecosistema di componenti PHP. Gli autori di componenti, così come di framework, creano e distribuiscono codice per un gran numero di sviluppatori PHP e non hanno modo di sapere o controllare quali classi, interfacce, funzioni e costanti vengono utilizzate insieme al proprio codice. Questo problema si applica anche ai tuoi progetti interni.

Se scrivi componenti o classi PHP personalizzate per un progetto, quel codice deve funzionare insieme alle dipendenze di terze parti del tuo progetto. Come accennato in precedenza con il componente symfony / httpfoundation, il tuo codice e il codice di altri sviluppatori potrebbero usare gli stessi nomi di classe, interfaccia, funzione o costante.

Senza spazi dei nomi, si potrebbe generare una collisione che causa il fallimento di PHP. Con gli spazi dei nomi, il tuo codice e quello di altri sviluppatori possono utilizzare la stessa classe, interfaccia, funzione o nome costante, supponendo che il codice risieda sotto uno spazio dei nomi univoco del fornitore.

Se stai costruendo un piccolo progetto personale con solo poche dipendenze, le collisioni tra i nomi delle classi probabilmente non saranno un problema ma quando lavori in un team che costruisce un grande progetto con numerose dipendenze di terze parti, le collisioni di nomi diventano una vera preoccupazione.

Non puoi controllare quali classi, interfacce, funzioni e costanti vengono introdotte nello spazio dei nomi globale dalle dipendenze del tuo progetto. Questo è il motivo per cui i namespace nel codice sono molto importanti.

Dichiarazione

Ogni classe, interfaccia, funzione e costante PHP risiede sotto uno spazio dei nomi (o sottospazio dei nomi). Gli spazi dei nomi vengono dichiarati all'inizio di un file PHP su una nuova riga immediatamente dopo il tag di apertura `<?php`.

La dichiarazione dello spazio dei nomi inizia con la parola chiave `namespace`, quindi uno spazio, quindi il nome dello spazio dei nomi e infine un punto e virgola per la fine dell'istruzione. Ricorda che gli spazi dei nomi vengono spesso utilizzati per stabilire il nome di un fornitore di primo livello.

Questa dichiarazione di spazio dei nomi di esempio stabilisce il nome del fornitore di Pippo:

```
<?php
```

```
namespace Pippo;
?>
```

Tutte le classi, le interfacce, le funzioni o le costanti PHP dichiarate sotto questa dichiarazione dello spazio dei nomi risiedono nello spazio dei nomi Pippo. E se volessimo organizzare il codice relativo a questo libro? Usiamo uno spazio dei nomi secondari.

Gli spazi dei nomi secondari vengono dichiarati esattamente come nell'esempio precedente. L'unica differenza è che separiamo i nomi dello spazio dei nomi e dei sottospazi con il carattere barra (\). L'esempio seguente dichiara un sottospazio dei nomi denominato MioPHP che risiede sotto lo spazio dei nomi del fornitore Pippo che si trova più in alto:

```
<?php
namespace Pippo\MioPHP;
?>
```

Tutte le classi, le interfacce, le funzioni e le costanti dichiarate sotto questa dichiarazione dello spazio dei nomi risiedono nel sottospazio dei nomi `Pippo\MioPHP` e sono, in qualche modo, correlate a questo libro.

Non è necessario dichiarare tutte le classi nello stesso spazio dei nomi o sottospazio nello stesso file PHP. Puoi specificare uno spazio dei nomi o uno spazio dei nomi secondario all'inizio di qualsiasi file PHP e il codice di quel file diventa parte di quello spazio dei nomi o spazio dei nomi secondario.

Ciò rende possibile scrivere più classi in file separati che appartengono a uno spazio dei nomi comune. Prima dei namespace, gli sviluppatori PHP risolvevano il problema della collisione dei nomi con i nomi delle classi in stile Zend. Questo era uno schema di denominazione delle classi reso popolare da Zend Framework in cui i nomi delle classi PHP utilizzavano trattini bassi al posto dei separatori di directory del file system.

Questa convenzione assicurava che i nomi delle classi fossero univoci e abilitava il caricatore automatico a sostituire i trattini bassi nei nomi delle classi PHP con separatori di directory del file system per determinare il percorso del file della classe. Ad esempio, la classe PHP:

```
Zend_Cloud_DocumentService_Adapter_Windo
wsAzure_Query
```

corrisponde al file PHP

```
Zend/Cloud/DocumentService/Adapter/Windo
wsAzure/Query.php
```

Un effetto collaterale della convenzione di denominazione in stile Zend, come puoi vedere, sono i nomi delle classi assurdamente lunghi. Chiamami pure pigro ma non è possibile che digitare questo nome della classe più di una volta. I moderni namespace PHP presentano un problema simile.

Ad esempio, il nome completo della classe Response nel componente symfony\httpfoundation è `\Symfony\Component\HttpFoundation\Response`.

Fortunatamente, PHP ci consente di importare e alias codice con spazio dei nomi. Per importazione, intendo dire a PHP quali spazi dei nomi, classi, interfacce, funzioni e costanti userò in ogni file PHP. Posso quindi usarli senza digitare i loro spazi dei nomi completi.

Con un alias, intendo dire a PHP che farò riferimento a una classe, interfaccia, funzione o costante importata con un nome più breve.

Il codice mostrato nell'esempio crea e invia una risposta HTTP 400 Bad Request senza importazione e alias.

```php
<?php
$response = new
\Symfony\Component\HttpFoundation\Respon
se('Errore', 400);
$response->send();
?>
```

Non è terribile, ma immagina di dover creare un'istanza di Response più volte in un singolo file PHP, ben presto ti annoieresti. Ora guarda l'esempio seguente, fa la stessa cosa con l'importazione.

```php
<?php
use
Symfony\Component\HttpFoundation\Respons
e;
$response = new Response('Errore', 400);
$response->send();
?>
```

Stiamo dicendo a PHP che intendiamo usare la classe

```
Symfony\Component\HttpFoundation\Respons
e
```

con la parola chiave `use`.

Digitiamo solo una volta il nome della classe lungo e completo quindi possiamo istanziare la classe `Response` senza utilizzare il suo nome di classe in modalità estesa. Interessante vero? Certi giorni mi sento davvero pigro e uso gli alias. Invece di digitare `Response`, forse voglio semplicemente digitare `Res`. Ecco come posso farlo:

```php
<?php
use
Symfony\Component\HttpFoundation\Respons
e as Res;
$r = new Res('Errore', 400);
$r->send();
?>
```

In questo esempio, ho modificato la riga di importazione per importare la classe `Response` e ho anche aggiunto come `Res` alla fine della riga di importazione; questo dice a PHP di considerare `Res` un alias per la classe `Response`.

Se non avessi aggiunto l'alias `as Res` alla riga di importazione, PHP avrebbe assunto un alias predefinito che è lo stesso del nome della classe importata.

A partire da PHP 5.6, è possibile importare funzioni e costanti e ciò richiede una modifica alla sintassi della parola chiave `use`. Per importare una funzione:

```php
<?php
use func Namespace\nomeFunzione;
nomeFunzione();
?>
```

Per importare una costante:

```php
<?php
use constant Namespace\NOME_CONST;
echo NOME_CONST;
?>
```

Gli alias di funzioni e costanti funzionano allo stesso modo delle classi.

Se importi più classi, interfacce, funzioni o costanti in un singolo file PHP, ti ritroverai con più istruzioni `use` all'inizio del file PHP. PHP accetta una sintassi di importazione abbreviata che combina più istruzioni `use` su una singola riga come questa:

```
<?php
use
Symfony\Component\HttpFoundation\Request,

Symfony\Component\HttpFoundation\Response;
?>
```

Non seguire questo approccio perché è confuso e facile da sbagliare. Ti consiglio di mantenere ogni istruzione `use` su una riga in questo modo:

```
<?php
use
Symfony\Component\HttpFoundation\Request;
use
Symfony\Component\HttpFoundation\Response;
```

?>

)

)

Capitolo 3: Interfacce

Imparare a programmare su un'interfaccia ha cambiato la mia vita come programmatore PHP e ha migliorato profondamente la mia capacità di integrare componenti PHP di terze parti nelle mie applicazioni. Le interfacce non sono una nuova funzionalità ma sono una caratteristica importante che dovresti conoscere e utilizzare quotidianamente. Allora, cos'è un'interfaccia PHP?

Un'interfaccia è un contratto tra due oggetti PHP che consente a un oggetto di dipendere non da ciò che è un altro oggetto ma da ciò che un altro oggetto può fare. Un'interfaccia separa il nostro codice dalle sue dipendenze, in sostanza, consente al nostro codice di dipendere da qualsiasi codice di terze parti che implementa l'interfaccia prevista.

Non ci interessa come il codice di terze parti implementi l'interfaccia; ci interessa solo che il codice di terze parti implementi l'interfaccia.

Ecco un esempio più concreto. Facciamo finta di essere appena arrivato a Miami, in Florida, per una conferenza. Ho bisogno di un modo per spostarmi in città quindi mi dirigo direttamente al punto di noleggio auto locale. Hanno una Hyundai, una Subaru wagon e (con mia grande sorpresa) una Bugatti Veyron. So di aver bisogno di un modo per spostarmi in città e tutti e tre i veicoli possono aiutarmi a farlo ma ogni veicolo lo fa in modo diverso. La Hyundai Accent va bene, ma mi piacerebbe qualcosa con un po' più di grinta. Non ho accompagnatori quindi la Subaru wagon ha più posti a sedere e spazio del necessario. Prendo la Bugatti, per favore.

La realtà è che posso guidare una qualsiasi di queste tre auto perché condividono tutte un'interfaccia comune e prevista. Ogni macchina ha un volante, un pedale dell'acceleratore, un pedale del freno, indicatori di direzione e ciascuna utilizza la benzina come carburante. La Bugatti è probabilmente più potente di quanto io possa gestire ma l'interfaccia di guida è la stessa della Hyundai. Tutte e tre le auto condividono la stessa interfaccia prevista e ho l'opportunità di scegliere il mio veicolo preferito (se siamo onesti, probabilmente andrei con la Hyundai).

Questo è esattamente lo stesso concetto in PHP orientato agli oggetti. Se scrivo codice che si aspetta un oggetto di una classe specifica (e quindi un'implementazione specifica), l'utilità del mio codice è intrinsecamente limitata perché può utilizzare solo oggetti di quella classe, per sempre.

Tuttavia, se scrivo codice che prevede un'interfaccia, il mio codice sa immediatamente come utilizzare qualsiasi oggetto che implementa quell'interfaccia. Al mio codice non interessa come viene implementata l'interfaccia; il mio codice si preoccupa solo che l'interfaccia sia implementata ma facciamo un esempio.

Come usarle

Ho un'ipotetica classe PHP chiamata `DocumentStore` che raccoglie testo da fonti diverse: recupera HTML da alcuni URL; legge le risorse da un flusso e raccoglie l'output dei comandi da terminale. Ogni documento archiviato in un'istanza di `DocumentStore` ha un ID univoco:

```php
<?php
class DocumentStore
{
 protected $dati = [];
 public function
aggiungiDocumento(Documentable
$documento)
  {
   $chiave = $documento->getId();
   $valore = $documento->getContenuto();
   $this->dati[$chiave] = $valore;
  }
 public function recuperaDocumenti()
  {
   return $this->dati;
  }
}
?>
```

Come funziona esattamente se il metodo
aggiungiDocumento() accetta solo istanze
della classe Documentable? Questa è una
buona osservazione. Tuttavia, Documentable
non è una classe. È un'interfaccia e ha questo
aspetto:

```php
<?php
interface Documentable
{
 public function getId();
 public function getContenuto();
}
?>
```

Questa definizione di interfaccia dice che
qualsiasi oggetto che implementa l'interfaccia
Documentable deve fornire un metodo getId()
pubblico e un metodo getContenuto()
pubblico. Quindi in che modo è utile
esattamente? È utile perché possiamo creare
classi separate per il recupero dei documenti
con implementazioni completamente diverse.

La codifica di un'interfaccia crea codice più flessibile che delega ad altri le preoccupazioni dell'implementazione. Molte più persone possono scrivere codice che funziona perfettamente con il tuo codice non conoscendo nient'altro che un'interfaccia.

Verifica la tua preparazione

1. Crea la classe denominata DocumentoHTML in modo che rispetti l'interfaccia creata. Tale classe dovrà recuperare il codice HTML di un URL passato al costruttore.

2. Crea la classe denominata DocumentoStream in modo che rispetti l'interfaccia creata. Tale classe dovrà recuperare il testo presente in un file con estensione `.txt`.

Capitolo 4: Traits

Molti dei miei amici sviluppatori PHP sono confusi dai traits, un nuovo concetto introdotto in PHP 5.4.0. Si comportano come classi ma sembrano interfacce quindi cosa sono? Nessuno dei due.

Un trait è un'implementazione di una classe parziale (cioè costanti, proprietà e metodi) che può essere combinata in una o più classi PHP esistenti.

I traits hanno una doppia funzione: dicono cosa può fare una classe (come un'interfaccia) e, inoltre, forniscono un'implementazione modulare (come una classe).

Potresti avere familiarità con i traits in altri linguaggi, ad esempio, i traits PHP sono simili ai moduli componibili di Ruby o ai mixins.

Perché usarli?

Il linguaggio PHP utilizza un modello di ereditarietà classico e ciò significa che si inizia con una singola classe e che fornisce un'implementazione di base. Estendi la classe base per creare classi più specializzate che ereditano l'implementazione dal genitore. Questa è chiamata gerarchia di ereditarietà ed è un modello comune utilizzato da molti linguaggi di programmazione.

Il modello di ereditarietà classico funziona abbastanza bene, tuttavia, cosa fare se due classi PHP non correlate devono mostrare un comportamento simile? Ad esempio, la classe PHP Rivenditore e un'altra classe PHP Auto sono classi molto diverse e non condividono un genitore comune nelle loro gerarchie di ereditarietà.

Tuttavia, entrambe le classi dovrebbero essere rintracciabili tramite le coordinate di latitudine e longitudine per la visualizzazione su una mappa. I traits sono stati creati esattamente per questo scopo.

Consentono implementazioni modulari che possono essere iniettate in classi altrimenti non correlate. In questo modo si incoraggia anche il riutilizzo del codice ma al primo tentativo si cerca di creare una classe genitore comune Geolocalizzazione che sarà estesa sia da Rivenditore che da Auto. Questa è una cattiva soluzione perché costringe due classi altrimenti non correlate a condividere un antenato comune che non appartiene naturalmente a nessuna delle gerarchie di ereditarietà.

Un'altra implementazione consiste nel creare un'interfaccia Geolocalizzazione che definisca i metodi necessari per implementare il comportamento di localizzazione. Le classi `Rivenditore` e `Auto` possono entrambe implementare l'interfaccia `Geolocalizzazione`. Questa è una buona soluzione che consente a ciascuna classe di mantenere la propria gerarchia di ereditarietà naturale ma richiede di duplicare lo stesso comportamento in entrambe le classi.

Questa non è una soluzione DRY, ricorda che DRY è l'acronimo di Do not Repeat Yourself (non ripetere te stesso). È considerata una buona pratica evitare la duplicazione dello stesso codice in più posizioni. Rispettando questo principio è possibile modificare il codice solo in un punto, ritrovando le modifiche ovunque.

La migliore implementazione consiste nel creare un trait `Geolocalizzazione` che definisca e implementi i metodi necessari. Posso quindi mescolare il trait

Geolocalizzazione in entrambe le classi
Rivenditore e Auto senza "inquinare" le loro
gerarchie di ereditarietà naturale.

Ecco come definire un trait PHP:

```php
<?php
trait Geolocalizzazione {
 protected $indirizzo;
 protected $geocoder;
 protected $risultato;

 public function
setGeocoder(\Geocoder\GeocoderInterface
$geocoder)
 {
   $this->geocoder = $geocoder;
 }

 public function
setIndirizzo($indirizzo)
 {
   $this->indirizzo = $indirizzo;
 }

 public function getLatitudine(){
   if (isset($this->risultato) === false)
{
    $this->geocodeIndirizzo();
   }
 return $this->risultato-
>getLatitudine();
 }
```

```php
  public function getLongitudine()
  {
    if (isset($this->risultato) === false)
{
    $this->geocodeIndirizzo();
    }
    return $this->risultato-
>getLongitudine();
  }

  protected function geocodeIndirizzo()
  {
    $this->risultato = $this->geocoder-
>geocode($this->indirizzo);
    return true;
  }
}
?>
```

Il trait definisce solo le proprietà e i metodi necessari per implementare il comportamento, non fa nient'altro. Il nostro trait Geolocalizzazione definisce tre proprietà di classe: un indirizzo (stringa), un oggetto geocoder (un'istanza di \Geocoder\Geocoder dall'eccellente componente willdurand/geocoder di William Durand) e un oggetto risultato (un'istanza di \Geocoder\Risultato\Geocoded).

Abbiamo definito anche quattro metodi pubblici e un metodo `protected`. Il metodo `setGeocoder()` viene utilizzato per iniettare l'oggetto `Geocoder`. Il metodo `setIndirizzo()` viene utilizzato per impostare un indirizzo mentre `getLatitudine()` e `getLongitudine()` restituiscono le rispettive coordinate. Il metodo `geocodeIndirizzo()` passa la stringa dell'indirizzo nell'istanza `Geocoder` per recuperare il risultato del `geocoder`.

Come usarli

Usare un trait in PHP è facile, basta aggiungere la parola chiave use seguita dal nome del trait; all'interno di una definizione di classe PHP. Torniamo al nostro esempio, abbiamo definito il trait Geolocalizzazione. Aggiorniamo la nostra classe Rivenditore in modo che utilizzi il trait Geolocalizzazione. Per motivi di brevità, non fornisco l'implementazione completa della classe Rivenditore:

```php
<?php
class Rivenditore
{
 use Geolocalizzazione;
 // Implementazione della classe
}

?>
```

Questo è tutto ciò che dobbiamo fare. Ora ogni istanza di Rivenditore può utilizzare le proprietà e i metodi forniti da Geolocalizzazione, come mostrato:

```php
<?php
$geocoderAdapter = new
\Geocoder\HttpAdapter\CurlHttpAdapter();
$geocoderProvider = new
\Geocoder\Provider\GoogleMapsProvider($g
eocoderAdapter);
$geocoder = new
\Geocoder\Geocoder($geocoderProvider);
$store = new Rivenditore();
$store->setIndirizzo('Via Pippo, 12 Roma
(RM)');
$store->setGeocoder($geocoder);
$latitudine = $store->getLatitudine();
$longitudine = $store->getLongitudine();
echo $latitudine, ':', $longitudine;

?>
```

Capitolo 5: Generatori

I generatori PHP sono una funzionalità sottoutilizzata ma straordinariamente utile ed introdotta in PHP 5.5.0. Penso che molti sviluppatori PHP non siano a conoscenza dei generatori perché il loro scopo non è immediatamente chiaro.

I generatori sono semplici iteratori, questo è tutto ma a differenza del tuo iteratore PHP standard, i generatori PHP non richiedono l'implementazione dell'interfaccia Iterator in una classe. Invece, i generatori calcolano e producono valori di iterazione su richiesta. Ciò ha profonde implicazioni per le prestazioni delle applicazioni.

Un iteratore PHP standard spesso itera su insiemi di dati precompilati in memoria. Questo è inefficiente, specialmente con set di dati grandi e formali che possono essere calcolati. Questo è il motivo per cui utilizziamo i generatori per calcolare e produrre valori al volo senza utilizzare risorse preziose.

I generatori PHP non sono una panacea per le tue esigenze di iterazione. Poiché i generatori non conoscono mai il valore dell'iterazione successiva fino a quando non viene richiesta, è impossibile mandare indietro o far avanzare rapidamente un generatore. Puoi iterare in una sola direzione cioè in avanti. Inoltre, non puoi iterare lo stesso generatore più di una volta, tuttavia, sei libero di ricostruire o clonare un generatore, se necessario.

I generatori sono facili da creare perché sono solo funzioni PHP che utilizzano la parola chiave `yield` una o più volte. A differenza delle normali funzioni PHP, i generatori non restituiscono mai un valore:

```php
<?php
function mioGeneratore() {
 yield 'valore1';
 yield 'valore2';
 yield 'valore3';
}

?>
```

Abbastanza semplice, vero? Quando si richiama la funzione del generatore, PHP restituisce un oggetto che appartiene alla classe Generator e questo oggetto può essere iterato con la funzione foreach(). Durante ogni iterazione, PHP chiede all'istanza di Generator di calcolare e fornire il valore di iterazione successivo.

Ciò che è chiaro è che il generatore mette in pausa il suo stato interno ogni volta che fornisce un valore e riprende lo stato interno quando viene richiesto il valore successivo. Il generatore continua a fermarsi e riprendere fino a quando non raggiunge la fine della sua definizione di funzione o incontra un'istruzione come `return;`.

Per invocare un generatore è sufficiente invocare:

```php
<?php
foreach (mioGeneratore() as $valore) {
 echo $valore, PHP_EOL;
}
?>
```

Ovviamente questo restituirà:

```
valore1
valore2
valore3
```

Facciamo un esempio più concreto:

```php
<?php
function creaRange($dimensione) {
 $dataset = [];
 for ($i = 0; $i < $dimensione; $i++) {
  $dataset[] = $i;
 }
 return $dataset;
}

$mioRange = creaRange(1000000);
```

```
foreach ($mioRange as $i) {
 echo $i, PHP_EOL;
}

?>
```

Questo esempio fa un cattivo uso della memoria perché il metodo `creaRange()` alloca un milione di interi in una matrice precalcolata. Un generatore PHP può fare la stessa cosa mentre alloca memoria per un solo intero alla volta, come segue:

```
<?php
function creaRange($dimensione) {
 for ($i = 0; $i < $dimensione; $i++) {
  yield $i;
 }
}

foreach (creaRange(1000000) as $i) {
 echo $i, PHP_EOL;
}

?>
```

Questo è un esempio creato ad hoc, tuttavia, immagina solo tutti i potenziali insiemi di dati che puoi calcolare. Le sequenze numeriche (ad esempio Fibonacci) sono ottimi candidati.

Verifica le tue competenze

1. Trova i numeri primi da 1 a 100000 attraverso iteratori e generatori; verifica in quanto tempo viene terminato ogni task con i due metodi.

2. Crea un file CSV in PHP con almeno 10 colonne e 50000 righe. Leggi questo file CSV con l'uso di un generatore, riga per riga.

Capitolo 6: Chiusure

Le chiusure e le funzioni anonime sono state introdotte in PHP 5.3.0 e sono due delle mie funzionalità PHP preferite e tra le più utilizzate. Sembrano spaventose (almeno questo pensavo quando le ho viste per la prima volta) ma in realtà sono piuttosto semplici da capire. Sono strumenti estremamente utili che ogni sviluppatore PHP dovrebbe avere nella cassetta degli attrezzi.

Una chiusura è una funzione che incapsula lo stato circostante nel momento in cui viene creata. Lo stato incapsulato continua ad esistere all'interno della chiusura quando la chiusura "vive", anche dopo che il suo ambiente originale termina. Questo è un concetto difficile da comprendere ma una volta provato sarà tutto più semplice.

Una funzione anonima è esattamente questo: una funzione senza nome. Le funzioni anonime possono essere assegnate alle variabili e passate proprio come qualsiasi altro oggetto PHP. Ma è ancora una funzione, quindi puoi invocarla e passargli argomenti. Le funzioni anonime sono particolarmente utili come callback di funzioni o metodi.

Le chiusure e le funzioni anonime sono, in teoria, cose separate, tuttavia, PHP li considera la stessa cosa. A questo punto quando dico chiusura, intendo anche funzione anonima e viceversa. Le chiusure PHP e le funzioni anonime utilizzano la stessa sintassi di una funzione ma non lasciarti ingannare perché in realtà sono oggetti camuffati da funzioni PHP.

Se controlli una chiusura PHP o una funzione anonima, scoprirai che sono istanze della classe `Closure`. Le chiusure sono considerate tipi di valore di prima classe, proprio come una stringa o un numero intero quindi sappiamo che le chiusure PHP sembrano funzioni. Non dovresti essere sorpreso, quindi, nel creare una chiusura PHP come segue:

```php
<?php
$closure = function ($nome) {
  return sprintf('Ciao %s', $nome);
};

echo $closure("Antonio");
// Restituisce --> "Ciao Antonio"
?>
```

Come puoi vedere ho creato un oggetto di chiusura e l'ho assegnato alla variabile `$closure`. Sembra una funzione PHP standard: usa la stessa sintassi, accetta argomenti e restituisce un valore, tuttavia, non ha un nome.

Possiamo invocare la variabile `$closure` perché il valore della variabile è una chiusura e gli oggetti chiusura implementano il metodo

`\__invoke()`. PHP cerca e chiama questo metodo ogni volta che incontra una coppia di parentesi tonde ben formate `()` dopo il nome di una variabile.

In genere uso oggetti di chiusura PHP come callback di funzioni e metodi e molte funzioni PHP si aspettano funzioni di callback, come `array_map()` e `preg_replace_callback()`. Questa è un'opportunità perfetta per utilizzare le funzioni anonime di PHP!

Ricorda, le chiusure possono essere passate ad altre funzioni PHP come argomenti, proprio come qualsiasi altro valore. Vediamo come si usa un oggetto di chiusura come argomento di callback nella funzione `array_map()`:

```php
<?php
$aggiungiUno = array_map(function
($numero) {
 return $numero + 1;
}, [1,2,3]);

print_r($aggiungiUno);
```

```
// Restituisce --> [2,3,4]

?>
```

Confronto di stile

OK, questo esempio non è stato così impressionante, ma ricorda, prima della chiusura gli sviluppatori PHP non avevano altra scelta che creare una funzione denominata a parte e fare riferimento a quella funzione usando il nome. Questa operazione era un po' più lenta da eseguire e separava l'implementazione di una callback dal suo utilizzo. Gli sviluppatori PHP di vecchia generazione usavano codice come questo:

```php
<?php
// Implementazione di una callback
function aggiungiUno ($numero) {
 return $numero + 1;
}

// Uso della callback definita
$numeroPiuUno = array_map('aggiungiUno',
[1,2,3]);
print_r($numeroPiuUno);

?>
```

Sia chiaro che anche questo codice funziona ma non è così ordinato come l'esempio precedente. Non abbiamo bisogno di una funzione denominata `aggiungiUno()` a parte se usiamo la funzione solo una volta come callback. Le chiusure utilizzate come callback creano codice più conciso e decisamente più leggibile.

Capitolo 7: HTTP server

Sapevi che PHP ha un server web integrato a partire da PHP 5.4.0? Questa è un'altra gemma nascosta sconosciuta agli sviluppatori PHP che presumono di aver bisogno di Apache o nginx per visualizzare in anteprima le applicazioni PHP.

Non dovresti usarlo per la produzione ma il server web integrato di PHP è uno strumento perfetto per lo sviluppo locale. Uso il server web integrato di PHP ogni giorno, sia che scriva PHP o meno. Lo uso per visualizzare in anteprima le applicazioni Laravel e Slim Framework. Lo uso durante la creazione di siti Web con il framework di gestione dei contenuti Drupal. Lo uso anche per visualizzare in anteprima HTML e CSS statici se sto solo sviluppando il markup.

Ricorda, il server PHP integrato è un server web e parla HTTP, quindi, può fornire risorse statiche oltre ai file PHP. È un ottimo modo per scrivere e visualizzare in anteprima HTML localmente senza installare MAMP, WAMP o un server web pesante.

È facile avviare il server web PHP, apri la tua applicazione del terminale, vai alla directory principale dei documenti del tuo progetto ed esegui questo comando:

```
php -S localhost:4000
```

Questo comando avvia un nuovo server web PHP accessibile da localhost che è in ascolto sulla porta 4000. La directory di lavoro corrente è la radice dei documenti del server web. È ora possibile aprire il browser Web e accedere a `http://localhost:4000` per visualizzare l'anteprima dell'applicazione.

Mentre navighi nella tua applicazione all'interno del tuo browser web, ogni richiesta HTTP viene registrata come standard in modo che tu possa vedere se la tua applicazione genera risposte con errore 400 o 500.

A volte è utile accedere al server web PHP da altre macchine sulla rete locale (ad esempio, per l'anteprima sul tuo iPad o Windows locale). Per fare ciò, devi indicare al server web PHP di mettersi in ascolto su tutte le interfacce usando 0.0.0.0 invece di localhost:

```
php -S 0.0.0.0:4000
```

Quando sei pronto per fermare il server web PHP, chiudi l'applicazione terminale o premi i tasti Ctrl + C.

Configurare il server

Non è raro che un'applicazione richieda il proprio file di configurazione PHP INI, soprattutto se ha requisiti univoci per l'utilizzo della memoria, il caricamento dei file, la profilazione o la memorizzazione nella cache del bytecode. Puoi dire al server integrato di PHP di utilizzare un file INI specifico con l'opzione -c:

```
php      -S      localhost:8000      -c
app/config/php.ini
```

È una buona idea mantenere il file INI personalizzato sotto la cartella principale dell'applicazione e, facoltativamente, controlla che la versione del file INI sia condivisa con gli altri sviluppatori del tuo team.

Il server integrato in PHP ha una pecca purtroppo, a differenza di Apache o nginx, non supporta i file .htaccess. Ciò rende difficile utilizzare i front controller comuni in molti framework PHP popolari.

Un front controller è un singolo file PHP a cui vengono inoltrate tutte le richieste HTTP (tramite file .htaccess o regole di riscrittura). Il file PHP del front controller è responsabile dell'instradamento delle richieste e della rimozione delle patch dal codice PHP appropriato. Questo è un modello comune usato da Symfony e altri framework popolari.

Il server PHP integrato mitiga questa pecca con gli script del router. Lo script del router viene eseguito prima di ogni richiesta HTTP. Se lo script del router restituisce false, viene restituito l'asset statico a cui fa riferimento l'URI della richiesta HTTP corrente. In caso contrario, l'output dello script del router viene restituito come corpo della risposta HTTP.

In altre parole, se utilizzi uno script router, stai effettivamente codificando la stessa funzionalità di un file `.htaccess`. Usare uno script router è facile, basta passare il percorso del file script PHP come argomento quando si avvia il server integrato PHP:

```
php -S localhost:8000 router.php
```

A volte è utile sapere se il tuo script PHP è stato fornito da un server web PHP integrato oppure da un server web tradizionale come Apache o nginx. Forse è necessario impostare intestazioni specifiche per nginx (ad esempio, `Status:`) che non dovrebbero essere impostate per il server Web PHP.

È possibile rilevare il server Web PHP con la funzione `php_sapi_name()`. Questa funzione restituisce la stringa `cli-server` se lo script corrente è stato fornito dal server PHP integrato:

```php
<?php
if (php_sapi_name() === 'cli-server') {
  // PHP web server
} else {
  // Apache, nginx o altro...
}
?>
```

Ricorda bene che il server web integrato di PHP non deve essere mai utilizzato per la produzione. È solo per lo sviluppo locale! Se utilizzi il server web integrato in PHP su una macchina di produzione, preparati ad avere molti utenti delusi e una marea di notifiche sui tempi di inattività di Pingdom.

Il server integrato funziona in modo non ottimale perché gestisce una richiesta alla volta e ogni richiesta HTTP è bloccante. La tua applicazione web si bloccherà se un file PHP deve attendere una query di database lenta o una risposta API remota. Il server integrato, inoltre, supporta solo un numero limitato di tipi MIME ed offre una riscrittura degli URL limitata con gli script del router.

Avrai bisogno sicuramente di Apache o nginx per regole di riscrittura URL più avanzate.

Come hai avuto modo di vedere sino ad ora, PHP ha molte potenti funzionalità che possono migliorare le tue applicazioni. Per ogni approfondimento e per restare aggiornato sulle ultime funzionalità di PHP, visita il sito web https://www.php.net/. Sono sicuro che non vedi l'ora di iniziare ad utilizzare tutte queste divertenti funzionalità nelle tue applicazioni. Tuttavia, è importante utilizzarle correttamente e secondo gli standard della comunità PHP.

Capitolo 8: Gli standard

Esiste un numero sbalorditivo di componenti e framework PHP, esistono framework grandi come Symfony e Laravel ed esistono micro-framework come Silex e Slim. E ci sono framework legacy come CodeIgniter che sono stati costruiti molto prima che esistessero i moderni componenti PHP.

Il moderno ecosistema PHP è un vero e proprio crogiolo di codice che aiuta noi sviluppatori a creare applicazioni sorprendenti. Sfortunatamente, i vecchi framework PHP sono stati sviluppati isolatamente e non condividono il codice con altri framework PHP. Se il tuo progetto utilizza uno di questi vecchi framework PHP, sei bloccato con quel framework e devi vivere all'interno dell'ecosistema del framework.

Il framework giusto?

Questo ambiente centralizzato va bene se sei soddisfatto degli strumenti del tuo framework, tuttavia, cosa succede se si utilizza il framework CodeIgniter ma si desidera selezionare una libreria aggiuntiva dal framework Symfony? Probabilmente sei sfortunato a meno che non scrivi un adattatore specifico per il tuo progetto.

I framework creati isolatamente non sono stati progettati per comunicare con altri framework. Questo è estremamente inefficiente, sia per gli sviluppatori (la loro creatività è limitata dalla scelta del framework) che per i framework stessi (reinventano codice che già esiste altrove). Però ho buone notizie perché la comunità PHP si è evoluta da un modello di framework centralizzato a un ecosistema distribuito di componenti efficienti, interoperabili e specializzati.

Diversi sviluppatori di framework PHP hanno riconosciuto questo problema e hanno iniziato una conversazione a php|tek (una popolare conferenza PHP) nel 2009. Hanno discusso su come migliorare la comunicazione e l'efficienza tra framework. Invece di scrivere una nuova classe con alta coesione per i log, ad esempio, cosa succederebbe se un framework PHP potesse condividere una classe disaccoppiata come `monolog`?

Invece di scrivere le proprie classi di richieste e risposte HTTP, cosa succederebbe se un framework PHP potesse invece scegliere le classi di richiesta e risposta HTTP dal componente symfony/httpfoundation del Framework Symfony?

Perché questo funzioni, i framework PHP devono parlare un linguaggio comune che consenta loro di comunicare e condividere informazioni con altri framework, quindi, hanno bisogno di standard. Gli sviluppatori di framework PHP che si sono incontrati casualmente a php|tek hanno creato il PHP Framework Interop Group (PHP-FIG).

Il PHP-FIG è un gruppo di rappresentanti del framework PHP che, secondo il sito web di PHP-FIG, "parlano dei punti in comune tra i progetti e trovano modi in cui è possibile lavorare insieme".

PHP-FIG crea delle raccomandazioni che i framework PHP possono implementare volontariamente per migliorare la comunicazione e la condivisione con altri framework.

Il PHP-FIG è un gruppo auto-nominato di rappresentanti del framework e i suoi membri non sono eletti e non sono speciali in alcun modo se non per la loro volontà di migliorare la comunità PHP.

Chiunque può richiedere l'iscrizione e chiunque può inviare feedback ai consigli PHP-FIG che sono nel processo di proposta.

Le raccomandazioni PHP-FIG sono tipicamente adottate e implementate da molti dei framework PHP più grandi e popolari. Ti incoraggio vivamente a partecipare a PHP-FIG, se non altro per inviare feedback e contribuire a plasmare il futuro dei tuoi framework PHP preferiti.

È molto importante capire che PHP-FIG fornisce raccomandazioni.

Queste non sono regole, né requisiti, si tratta di suggerimenti elaborati con cura che semplificano la nostra vita come sviluppatori PHP (e autori di framework PHP).

Interoperabilità

La missione di PHP-FIG è l'interoperabilità dei framework ovvero significa lavorare insieme tramite interfacce, caricamento automatico e stili.

I framework PHP lavorano insieme tramite interfacce condivise infatti le interfacce PHP consentono ai framework di assumere quali metodi sono forniti da dipendenze di terze parti senza preoccuparsi di come le dipendenze implementino l'interfaccia. Ad esempio, un framework è felice di condividere un oggetto logger di terze parti supponendo che l'oggetto logger condiviso implementi i metodi `alert()`, `critical()`, `error()`, `warning()`, `notice()`, `info()` e `debug()`.

Il modo esatto in cui questi metodi vengono implementati è irrilevante. Ogni framework si preoccupa solo del fatto che la dipendenza di terze parti implementi questi metodi.

Le interfacce consentono agli sviluppatori PHP di creare, condividere e utilizzare componenti specializzate invece di framework monolitici.

I framework PHP funzionano bene insieme tramite il caricamento automatico. Il caricamento automatico è il processo mediante il quale una classe PHP viene automaticamente localizzata e caricata su richiesta dall'interprete PHP durante il runtime. Prima della definizione degli standard PHP, i componenti e i framework PHP implementavano i propri caricatori automatici unici utilizzando il metodo `\__autoload()` o il più recente metodo `spl_autoload_register()`.

Questo ha richiesto ad ogni sviluppatore di imparare ed utilizzare un caricatore automatico unico per ogni componente e framework. Al giorno d'oggi, la maggior parte dei moderni componenti e framework PHP sono compatibili con uno standard di caricatore automatico comune, ciò significa che possiamo combinare e abbinare più componenti PHP con un solo caricatore automatico.

I framework PHP per lavorare bene hanno bisogno di regole per lo stile del codice. Lo stile del codice determina la spaziatura, le lettere maiuscole e il posizionamento delle parentesi (tra le altre cose). Se i framework PHP concordano su uno stile di codice standard, gli sviluppatori PHP non hanno bisogno di imparare un nuovo stile ogni volta che utilizzano un nuovo framework PHP.

Al contrario, il codice del framework PHP è immediatamente familiare. Uno standard di codice abbassa anche la curva di apprendimento per i nuovi contributori del progetto, che possono dedicare più tempo a eliminare i bug e meno tempo ad imparare uno stile non familiare.

Lo stile del codice standard migliora anche i nostri progetti. Ogni sviluppatore, infatti, ha uno stile unico e questo diventa un problema quando più sviluppatori lavorano sulla stessa base di codice. Uno stile di codice standard aiuta tutti i membri del team a comprendere immediatamente la stessa base di codice indipendentemente dal suo autore.

Capitolo 9: PSR

Cos'è?

PSR è un acronimo per PHP standards recommendation (raccomandazione sugli standard PHP). Se hai letto di recente un blog relativo a PHP, probabilmente hai visto i termini PSR-1, PSR-2, PSR-3 ecc. questi sono consigli PHP-FIG. I loro nomi iniziano con PSR e finiscono con un numero.

Ogni raccomandazione PHP-FIG risolve un problema specifico che viene spesso riscontrato dalla maggior parte dei framework PHP. Invece di far risolvere continuamente gli stessi problemi, i framework possono adottare le raccomandazioni di PHP-FIG e costruire su soluzioni condivise.

PHP-FIG ha pubblicato cinque raccomandazioni:

- PSR-1: stile di codice base
- PSR-2: stile di codice rigoroso
- PSR-3: interfaccia logger
- PSR-4: caricamento automatico

Nota come le raccomandazioni di PHP-FIG coincidono perfettamente con i tre metodi di interoperabilità che ho menzionato nel capitolo precedente: interfacce, autoloading e stile del codice.

Questa non è una coincidenza, infatti, sono molto d'accordo con i consigli di PHP-FIG perché sono il fondamento del moderno ecosistema PHP.

Definiscono i mezzi con cui le componenti e i framework PHP interagiscono.

Lo ammetto, gli standard PHP non sono gli argomenti più interessanti ma sono prerequisiti per comprendere al meglio PHP.

PSR-1

Se vuoi scrivere codice PHP compatibile con gli standard della comunità, inizia con PSR-1, è lo standard PHP più semplice da usare. È così facile, probabilmente lo stai già usando senza nemmeno provarci. PSR-1 fornisce semplici linee guida facili da implementare con il minimo sforzo. Lo scopo di PSR-1 è fornire uno stile di codice di base per i framework PHP partecipanti. Devi soddisfare questi requisiti per essere compatibile con PSR-1:

- Tag PHP: devi racchiudere il tuo codice PHP con i tag `<?php ?>` o `<?= ?>`. Non devi utilizzare nessun'altra sintassi di tag PHP.

- Codifica: tutti i file PHP devono essere codificati con il set di caratteri UTF-8 senza BOM. Sembra complicato, ma il tuo editor di testo o IDE può farlo automaticamente.

- Caricamento automatico: gli spazi dei nomi e le classi PHP devono supportare lo standard del caricatore automatico PSR-4. Tutto quello che devi fare è scegliere nomi appropriati per i tuoi simboli PHP e assicurarti che i loro file di definizione si trovino nella posizione prevista.

- Nomi delle classi: devono utilizzare il formato CamelCase, questo formato è anche chiamato TitleCase. Esempi sono `SemePianta`, `TazzaCaffe` ecc.

- Nomi delle costanti: devono utilizzare tutti i caratteri maiuscoli. Possono utilizzare il carattere (_) per separare le parole, se necessario. Esempi sono `GRANDEZZA` e `NUMERO_EVENTI`.

- Nomi dei metodi: devono utilizzare il formato camelCase comune. Ciò significa che il primo carattere del nome del metodo è minuscolo e la prima lettera di ogni parola successiva nel nome del metodo è maiuscola. Esempi sono `recuperaValore`, `salutaUtente` e `scriviDocumento`.

PSR-2

Dopo aver implementato la PSR-1, il passo successivo è implementare lo standard PSR-2. Questo standard definisce ulteriormente lo stile del codice PHP con linee guida più rigorose. Lo stile del codice PSR-2 è una manna dal cielo per i framework PHP che hanno molti contributori da tutto il mondo, ognuno dei quali porta il proprio stile e le proprie preferenze. Uno stile rigoroso comune consente agli sviluppatori di scrivere codice che è facilmente e rapidamente compreso da altri contributori.

A differenza della PSR-1, la raccomandazione PSR-2 contiene linee guida più rigorose. Alcune delle linee guida della PSR-2 potrebbero non essere quelle che preferisci, tuttavia, PSR-2 è lo stile di codice preferito da molti framework PHP popolari. Non è necessario utilizzare la PSR-2 ma così facendo migliorerai drasticamente la capacità degli altri sviluppatori di leggere, utilizzare e contribuire al tuo codice PHP. Ecco le regole:

- Implementare la PSR-1: lo stile di codice PSR-2 richiede l'implementazione dello stile di codice PSR-1.

- Indentazione: questo è un argomento molto discusso che è tipicamente diviso in due campi. Il primo preferisce indentare il codice con un solo carattere di tabulazione, il secondo (e molto più interessante) preferisce indentare il codice con diversi caratteri di spazio. La raccomandazione PSR-2 dice che il codice PHP dovrebbe essere rientrato con quattro caratteri spazio.

- File e righe: i file PHP devono utilizzare terminazioni di riga (LF) Unix, devono terminare con una singola riga vuota e non devono includere un tag PHP finale `?>`. Ogni riga di codice non deve superare gli 80 caratteri e, in definitiva, ogni riga di codice non deve superare i 120 caratteri. Ogni riga non deve contenere spazi vuoti finali. Sembra un sacco di lavoro, ma in realtà non lo è perché la maggior parte degli editor di codice ha già la possibilità di fare tutto questo, formattando il tuo codice con pochi tasti secondo le tue preferenze.

- Parole chiave: molti sviluppatori PHP digitano `TRUE`, `FALSE` e `NULL` in caratteri maiuscoli. Se lo fai, cerca di evitare questa pratica e usa solo caratteri minuscoli. La raccomandazione PSR-2 dice che dovresti digitare tutte le parole chiave PHP in minuscolo.

- Spazi dei nomi: ogni dichiarazione di deve essere seguita da una riga vuota. Allo stesso modo, quando importi o definisci un alias con la parola chiave `use`, devi far seguire una riga vuota dopo il blocco di istruzioni.

- Classi: come per l'indentazione, il posizionamento delle parentesi nella definizione di classe è un altro argomento che attira un acceso dibattito. Alcuni preferiscono che la parentesi di apertura risieda sulla stessa riga del nome della classe, altri preferiscono che la parentesi di apertura risieda su una nuova riga dopo il nome della classe. La raccomandazione PSR-2 afferma che la parentesi di apertura di una definizione di classe deve risiedere su una nuova riga immediatamente dopo il nome della definizione di classe. La parentesi di chiusura della definizione di classe deve risiedere su una nuova riga dopo la fine del corpo della definizione di classe. Se la tua classe estende un'altra classe o implementa un'interfaccia, le parole chiave `extends` e `implements` devono apparire sulla stessa riga del nome della classe.

- Metodi: il posizionamento delle parentesi di definizione del metodo è uguale al posizionamento delle parentesi di definizione di classe. La parentesi di apertura della definizione del metodo risiede su una nuova riga immediatamente dopo il nome del metodo. La parentesi di chiusura della definizione del metodo risiede su una nuova riga immediatamente dopo il corpo della definizione del metodo. Presta molta attenzione agli argomenti del metodo. La prima parentesi non ha uno spazio finale e l'ultima parentesi non ha uno spazio che la precede.

- Visibilità: È necessario dichiarare una visibilità per ogni proprietà e metodo di classe. La visibilità può essere pubblica, protetta o privata e determina il modo in cui una proprietà o un metodo è accessibile all'interno e all'esterno della sua classe. Gli sviluppatori PHP della vecchia scuola possono essere abituati ad anteporre alle proprietà delle classi la parola chiave `var` e a prefissare i metodi privati con il carattere underscore `_`. Dimentica questa tecnica ed utilizza una delle visibilità elencate in precedenza. Se dichiari una proprietà o un metodo di una classe come `abstract` o `final`, tali qualificatori devono apparire prima della visibilità. Se si dichiara una proprietà o un metodo come `static`, il qualificatore deve essere visualizzato dopo la visibilità.

- Strutture di controllo: questa è probabilmente la linea guida che violo più spesso. Tutte le parole chiave delle strutture di controllo devono essere seguite da un singolo carattere spazio. Una parola chiave della struttura di controllo è `if`, `elseif`, `else`, `switch`, `case`, `while`, `do while`, `for`, `foreach`, `try` o `catch`. Se la parola chiave della struttura di controllo richiede una serie di parentesi, assicurati che la prima parentesi non sia seguita da uno spazio e assicurati che l'ultima parentesi non sia preceduta da uno spazio. A differenza delle definizioni di classe e metodo, le parentesi quadre che appaiono dopo una parola chiave della struttura di controllo devono rimanere sulla stessa riga della parola chiave della struttura di controllo. La parentesi di chiusura della parola chiave della struttura di controllo deve risiedere su una nuova riga.

PSR-3

La terza raccomandazione PHP-FIG non è un insieme di linee guida come i suoi predecessori. PSR-3 è un'interfaccia e prescrive metodi che possono essere implementati dai componenti del log di PHP.

Un logger è un oggetto che scrive messaggi di varia importanza su un dato output. I messaggi scritti (o loggati) vengono utilizzati per diagnosticare, ispezionare e risolvere i problemi di funzionamento, stabilità e prestazioni dell'applicazione.

Si possono scrivere informazioni di debug in un file di testo durante lo sviluppo, statistiche sul traffico del sito Web in un database o l'invio di messaggi di diagnostica degli errori irreversibili a un amministratore del sito Web.

Il componente logger PHP più popolare è monolog/monolog, creato da Jordi Boggiano.

Molti framework PHP implementano questo standard ma prima di PHP-FIG, ogni framework risolveva il logging in modo diverso, spesso con un'implementazione proprietaria. Nello spirito dell'interoperabilità e della specializzazione, motivi ricorrenti nel nuovo PHP, PHP-FIG ha stabilito l'interfaccia del logger PSR-3.

I framework che accettano logger compatibili con PSR-3 realizzano due cose importanti: i problemi di log sono delegati a terze parti e gli utenti finali possono usare il loro componente logger preferito. È una vittoria per tutti.

PSR-4

La quarta raccomandazione PHP-FIG descrive una strategia per standardizzare il caricatore automatico. Un caricatore automatico è una strategia per trovare una classe, un'interfaccia o un trait PHP e caricarlo nell'interprete PHP su richiesta, in fase di esecuzione. Le componenti e i framework PHP che supportano lo standard PSR-4 possono essere individuati e caricati nell'interprete PHP con un solo caricatore automatico.

Quante volte hai visto codice come questo all'inizio dei tuoi file PHP?

```php
<?php
include 'percorso/al/file1.php';
include 'percorso/al/file2.php';
include 'percorso/al/file3.php';
?>
```

Troppo spesso, vero? Probabilmente hai familiarità con le funzioni `require()`, `require_once()`, `include()` e `include_once()`. Queste funzioni caricano un file PHP esterno nello script corrente e funzionano meravigliosamente se hai solo pochi script PHP.

Tuttavia, cosa succede se è necessario includere un centinaio di script PHP? E se avessi bisogno di includere un migliaio di script PHP?

Le funzioni `require()` e `include()` non si adattano bene ed è per questo che i caricatori automatici PHP sono importanti. Un caricatore automatico è una strategia per trovare una classe, un'interfaccia o un tratto PHP e caricarlo nell'interprete PHP su richiesta e in fase di esecuzione, senza includere esplicitamente i file come nell'esempio precedente.

Prima che PHP-FIG presentasse la sua raccomandazione PSR-4, gli autori di componenti e framework PHP usavano le funzioni `__autoload()` e `spl_autoload_register()` per registrare strategie di caricamento automatico personalizzate.

Sfortunatamente, ogni componente e framework PHP utilizzava un caricatore automatico unico e ogni caricatore automatico utilizzava una logica diversa per individuare e caricare classi, interfacce e caratteristiche PHP. Gli sviluppatori che utilizzavano questi componenti e framework erano obbligati a richiamare il caricatore automatico di ciascun componente durante il bootstrap di un'applicazione PHP.

Personalmente uso sempre il componente del modello Twig di Sensio Labs. Senza PSR-4, tuttavia, devo leggere la documentazione di

Twig e capire come registrare il suo caricatore automatico personalizzato nel file bootstrap della mia applicazione, in questo modo:

```php
<?php
require_once
'/percorso/al/Twig/Autoloader.php';
Twig_Autoloader::register();
?>
```

Immagina di dover ricercare e registrare caricatori automatici unici per ogni componente PHP nella tua applicazione. PHP-FIG ha riconosciuto questo problema e ha proposto la raccomandazione del caricatore automatico PSR-4 per facilitare l'interoperabilità dei componenti.

Grazie a PSR-4, possiamo caricare automaticamente tutti i componenti PHP della nostra applicazione con un solo caricatore automatico, tutto ciò è fantastico. La maggior parte dei moderni componenti e framework PHP sono compatibili con PSR-4 pertanto se scrivi e distribuisci i tuoi componenti, assicurati che siano compatibili anche con la PSR-4! I componenti partecipanti includono Symfony, Doctrine, Monolog, Twig, Guzzle, SwiftMailer, PHPUnit, Carbon e molti altri.

Come ogni autoloader PHP, PSR-4 descrive una strategia per individuare e caricare classi, interfacce e caratteristiche PHP durante il runtime. La raccomandazione PSR-4 non richiede di modificare l'implementazione del codice, invece, PSR-4 suggerisce solo come è organizzato il codice in directory del file system e spazi dei nomi PHP.

La strategia di caricamento automatico della PSR-4 si basa sugli spazi dei nomi PHP e sulle directory del file system per individuare e caricare classi, interfacce e traits PHP. L'essenza della PSR-4 è mappare un prefisso dello spazio dei nomi di primo livello in una directory specifica del filesystem. Ad esempio, posso dire a PHP che classi, interfacce o traits sotto lo spazio dei nomi \Pippo\MioPHP vivono sotto la directory del filesystem `src/pippo`.

PHP ora sa che tutte le classi, interfacce o tratti che usano il prefisso dello spazio dei nomi \Pippo\MioPHP corrispondono alle directory e ai file sotto la directory `src/`.

La strategia di caricamento automatico della PSR-4 è la più rilevante per gli autori di componenti e framework che distribuiscono codice ad altri sviluppatori. Il codice di un componente PHP risiede sotto uno spazio dei nomi univoco del fornitore e l'autore del componente specifica quale directory del filesystem corrisponde allo spazio dei nomi del fornitore del componente, esattamente come ho dimostrato in precedenza.

Capitolo 10: Componenti

Oggi PHP si occupa sempre meno di framework monolitici e si focalizza sempre di più sulla composizione di soluzioni da componenti specializzati e interoperabili. Quando creo una nuova applicazione PHP, raramente raggiungo direttamente Laravel o Symfony, al contrario, penso a quali componenti PHP esistenti posso combinare per risolvere il mio problema.

I componenti PHP sono un nuovo concetto per molti programmatori PHP e anch'io non avevo idea dei componenti PHP fino a pochi anni fa. Istintivamente avviavo le applicazioni PHP con framework enormi come Symfony o CodeIgniter senza considerare altre opzioni.

Ho investito in un ecosistema chiuso di un unico framework e ho utilizzato solo gli strumenti che forniva. Quando il framework non forniva ciò di cui avevo bisogno, ero sfortunato e dovevo creare le funzionalità aggiuntive da solo. Era anche difficile integrare librerie personalizzate o di terze parti in framework più grandi perché non condividevano interfacce comuni.

Sono lieto di informarti che i tempi sono cambiati e non siamo più legati alle strutture monolitiche e ai loro giardini recintati da filo spinato perché i componenti ci danno una mano.

Un componente è un pacchetto di codice che aiuta a risolvere un problema specifico nella tua applicazione PHP. Ad esempio, se la tua applicazione PHP invia e riceve richieste HTTP, c'è un componente per farlo. Se la tua applicazione PHP analizza dati delimitati da virgole, è disponibile un componente PHP per farlo. Se la tua applicazione PHP ha bisogno di un modo per registrare i messaggi, c'è un componente anche per quello.

Invece di ricostruire funzionalità già risolte, utilizziamo componenti PHP già pronte e testate in modo da dedicare più tempo nel risolvere gli obiettivi più interessanti del nostro progetto. In qualsiasi mercato, ci sono prodotti buoni e prodotti scadenti e lo stesso concetto si applica ai componenti PHP. Proprio come ispezioni una mela al supermercato, puoi usare alcuni trucchi per individuare un buon componente PHP.

Cerca componenti che siano incentrate alla risoluzione di un solo problema, che siano di dimensioni compatte, cooperative e ben testate.

Un altro aspetto da non sottovalutare riguarda anche la documentazione, dovrebbe essere facile per gli sviluppatori installare, comprendere e utilizzare un componente e solo una buona documentazione rende possibile ciò.